NATIONAL GEOGRAPHIC

Culturas en desaparición

EDICIÓN PATHFINDER

Por Wade Davis

La Tierra tiene al menos 5000 culturas tradicionales. Pero el mundo está cambiando. ¿Pueden sobrevivir esos modos de vida antiguos?

Culturas en

Por Wade Davis
EXPLORADOR RESIDENTE DE NATIONAL GEOGRAPHIC

esaparición

Tepi (arriba) nació hace unos 25 años en Brasil. Pertenece a la tribu de los matis. Más o menos en la época en la que nació Tepi, su pueblo conoció por primera vez a personas del mundo exterior. Todo cambió. Las enfermedades mataron a la mitad de la tribu. Muchos sobrevivientes renunciaron a sus costumbres. Pero Tepi y otros trataron de mantener vivas las tradiciones matis.

Tepi y los matis no están solos. Hay **culturas** que luchan por sobrevivir dispersas por todo el mundo. Una cultura es la forma de vida de un grupo. Incluye su idioma, alimentos, vestimenta y mucho más.

Yo me dedico a estudiar las culturas. En realidad, es más bien una pasión. Soy un **antropólogo**. Es un nombre exótico para un científico que estudia la forma en la que viven las personas.

Ser antropólogo te permite llevar una vida maravillosa. Puedo visitar muchas tierras distantes y conocer a las personas que viven allí. Siempre estoy aprendiendo lo diferentes (y parecidas) que son las personas.

Por otra parte, mi trabajo puede ser muy duro. Por lo general, las personas que estudio viven en áreas remotas. De hecho, una vez pasé diez días perdido en la selva. ¡Y también he comido termitas vivas!

Aunque esa no es la parte más difícil. A veces me veo obligado a presenciar la desaparición completa de una cultura.

Como cualquier otro ser vivo, los pueblos necesitan su hábitat. Sin embargo, la vida moderna está cambiando los hábitats humanos alrededor del mundo. Los antiguos bosques están desapareciendo. Hay caminos que atraviesan tierras salvajes. Los alambrados no permiten que las personas se muevan de un lugar a otro. Si un hábitat cambia, también lo hacen las personas que allí viven.

Los cambios de los hábitats dificultan vivir la vida como lo hacían nuestros ancestros. La gente abandona sus costumbres que tal vez tienen miles de años de antigüedad. Con el paso del tiempo, su cultura se desvanece. Entonces la gente crea nuevas costumbres.

Examinemos tres culturas que tal vez muy pronto desaparezcan… para siempre. Para hacerlo, viajaremos hasta las praderas africanas, a una isla al sureste de Asia, y a los bosques tropicales de Suramérica.

El pueblo ariaal

Nuestra primera parada es en Kenia, un país de África. Kenia es el hogar de la tribu ariaal. Esta tribu está formada por unas 10000 personas. Una vez, NATIONAL GEOGRAPHIC me envió allí para estudiar a este pueblo.

La tribu ariaal vive en las praderas del norte de Kenia. Allí, ellos crían ganado y camellos. Sin embargo, no es tarea fácil criar a estos animales.

La región es caliente y seca. Es difícil encontrar agua. Para sobrevivir, la tribu ariaal vive una vida **nómada.** En lugar de quedarse en un mismo lugar, se trasladan.

Cuando un área se seca, los ariaal buscan otro lugar donde vivir. Este sistema ha funcionado durante siglos. Pero luego, hace unos 30 años, las cosas cambiaron.

Para comenzar, llovió menos de lo normal en el hábitat de los ariaal. Luego, las guerras en los países vecinos desataron una **hambruna,** o escasez extrema de alimentos. Los funcionarios del gobierno querían que la tribu se estableciera en los pueblos.

Pero los ariaal dijeron que no. Eran pastores. Eran nómadas. Y no veían por qué cambiar su cultura para adaptarse a la forma de vida de otra gente.

En vez de eso, la tribu abandonó las praderas y se fue a las colinas, en las montañas cercanas. Allí, los pastores por lo general podían hallar suficiente agua y pasto. Y como resultado, los ariaal han logrado mantener viva su cultura hasta ahora.

Pero las cosas aún pueden cambiar. El gobierno de Kenia cree que la vida de los ariaal es anticuada. Los funcionarios siguen presionando a la tribu para que cambie. Pero los nómadas siguen rehusándose. Quieren mantener viva su antigua cultura. Después de todo, los ariaal han vivido con su cultura durante mucho tiempo.

Voces felices. *Las mujeres ariaal cantan cuando van a una boda.*

Los penan

Objetivo: Sobrevivir. *Un cazador penan utiliza una cerbatana para disparar un dardo venenoso a un animal. Los penan cazan monos, venados y jabalíes salvajes.*

Nuestra próxima parada es en Borneo, en el sureste de Asia. Es la tercera isla más grande de la Tierra. En Borneo caen entre 100 y 210 pulgadas de lluvia al año. Por ello, la mayor parte de la isla está cubierta por bosques tropicales.

En lo profundo del bosque tropical viven aproximadamente 300 miembros de la tribu penan. He pasado gran parte de mi vida estudiándolos. Al igual que sus ancestros, los penan son nómadas.

En su hábitat selvático, los penan pueden hallar todo lo que necesitan. Los cerdos salvajes son la principal fuente de carne de la tribu. Los árboles les proporcionan frutas frescas y apetitosas. Las enredaderas se convierten en cuerda. Las hojas de palma sirven como materia prima para hacer cestas.

También están las palmeras sagú. Es un gran ejemplo de cómo la tribu vive en su hábitat. Por lo general, la planta posee varios tallos que se parecen a troncos. Los penan recolectan uno a la vez, con cuidado de no dañar las raíces.

Luego de cortar los tallos, los penan los separan en dos. Utilizan martillos de madera, agua y sus pies para transformar el suave centro del tallo en una pasta blanca y espesa. Secan la pasta en una hoguera y la convierten en harina. La harina de sagú es el alimento más importante de los penan.

Ese alimento se comparte con cualquiera que lo necesite. Compartir es una parte clave de la cultura penan. Negarse a compartir es una de las peores cosas que puede hacer un penan.

En la actualidad, existen vecinos de los penan que quieren hacer más que compartir. Estos visitantes están talando grandes porciones del bosque tropical, lo que deja a la tribu cada vez con menos hábitat.

Más de 6000 penan han huido de la selva en extinción y se han mudado a campamentos que dirige el gobierno. Pero la vida allí es deprimente. No hay muchos empleos. Su antigua cultura está desapareciendo.

Los flecheiros

Brasil es nuestra última parada. Probablemente sepas que hay enormes bosques tropicales a lo largo del río Amazonas. Como en Borneo, existen muchas personas que quieren talar los bosques. Pueden ganar dinero vendiendo madera, y necesitan tierras para sus cultivos.

Los amenazados bosques tropicales de Brasil son el hábitat de los flecheiros, también conocidos como el pueblo flecha.

Nunca he visto al pueblo flecha. Nadie del mundo exterior los ha visto. Ellos son una de las 17 tribus "sin contacto exterior" que viven cerca del Amazonas. Muchos de estos grupos viven en un área protegida, que es aproximadamente del tamaño del estado de Florida.

Los extraños deben permanecer fuera de la región. Es la ley. Pero hacer cumplir la ley es bastante difícil. Aprender más sobre las tribus podría ayudar a los funcionarios a protegerlas. Sin embargo, entrar en contacto con las tribus podría cambiar sus culturas.

El hombre misterioso. *Un explorador se prueba una máscara hallada en la aldea del pueblo flechas. Sabemos muy poco de sus vidas.*

Hace poco, un funcionario brasileño y un grupo de guías locales se internaron en el bosque tropical. Trataron de descubrir con exactitud dónde vive el pueblo flechas, pero sin conocerlos personalmente.

Luego de una caminata por un difícil sendero, el líder visualizó algo. Alguien había cortado un árbol y lo había colocado en medio del camino. El arbolito era demasiado pequeño para que los demás lo notaran. Pero el líder sabía que era una advertencia.

Y dijo: "Este es un idioma universal en la selva. Significa: No te acerques. No vayas más lejos. Debemos estar llegando cerca de su pueblo". El equipo dio media vuelta.

A pesar de hacer todo lo posible, el equipo se topó más tarde con una aldea de flecheiros. Había 14 chozas, rodeadas por un gran jardín. Y las hogueras aún estaban calientes. El pueblo flechas había huido apenas minutos antes.

Antes de partir, los pobladores estaban cocinando un festín. Había mucha comida, incluyendo mono ahumado y carne de tortuga.

Cerca de las hogueras había máscaras hechas con las cortezas de los árboles. Había cuencos de arcilla con tinta de color rojo. Es probable que los flecheiros usen la tinta para decorar sus caras y cuerpos.

Tal vez nunca sepamos qué estaba celebrando el pueblo flechas. Ni tampoco podamos predecir cuánto tiempo sobrevivirá su hábitat y cultura. Pero hay algo que sí sabemos. El pueblo flechas y muchísimas otras culturas hacen que nuestro mundo sea más rico y animado.

¿Crees que es justo mantener a las personas alejadas de algunos lugares para proteger las culturas tradicionales? ¿Por qué sí o por qué no?

Vocabulario

antropólogo: científico que estudia las culturas humanas

cultura: forma de vida de un grupo

hambruna: escasez extrema de alimentos

nómada: persona que se muda de un lugar a otro

Hábitats en desaparición

La vida moderna está cambiando muc[h]o[s] hábitats alrededor del mundo. Estos cambios pueden afectar las plantas y l[os] animales que viven en dichos hábitats [(y también a las personas).

BOSQUES LLUVIOSOS

Características del hábitat Un bosque lluvioso es un área llena de árboles en la que llueve muchísimo durante todo el año. Los bosques tropicales son el hogar de muchas variedades de plantas y animales.

Ubicación Los bosques tropicales lluviosos se encuentran en áreas cálidas cercanas al ecuador. Los bosques lluviosos templados se encuentran en áreas costeras más frías.

Peligros El ser humano tala grandes extensiones de bosques lluviosos todos los años. Los bosques toman del aire gases que atrapan calor. Con menos bosques lluviosos tropicales y templados tendríamos un planeta más cálido. Cada vez más personas se mudan a áreas con bosques lluviosos tropicales y templados. Construyen caminos y casas. Esto dificulta la supervivencia de plantas y animales del bosque lluvioso tropical o templado.

Dato curioso Los bosques lluviosos son el hogar de la mitad de las especies de plantas y animales del mundo. Muchos de ellos no se encuentran en níngún otro lugar de la Tierra.

SABANAS

Características del hábitat Una sabana es una pradera con pocos arbustos y árboles. Algunas sabanas son áridas. Otras se inundan durante algunas estaciones del año.

Ubicación Existen amplias sabanas en África Central, Asia y América del Sur. Hay sabanas más pequeñas en Australia y Norteamérica.

Peligros A través del tiempo, el ser humano ha construido represas en los ríos que inundan las sabanas. Lo hacen para controlar las inundaciones. Y esto ayuda a las personas, pero daña las plantas y los animales que dependen de las inundaciones. Las personas también han traido nuevas especies, o seres vivos, a las sabanas. Lo que constituye una amenaza para las especies que ya viven allí.

Dato curioso Algunos de los fósiles más antiguos de ancestros humanos han sido encontrados en el Serengeti, una gran sabana de África.

DESIERTOS

Características del hábitat Un desierto es un área en la que llueve muy pocas veces al año. Muchos desiertos están cubiertos de arena o suelos rocosos. Algunos desiertos están cubiertos de nieve y hielo.

Ubicación Cada continente, incluso la Antártida, posee algún desierto. Pueden hallarse inmensos desiertos en África, Asia y Australia.

Peligros Las mayores amenazas para los desiertos son las actividades del ser humano. Algunas personas conducen sus autos y vehículos todo terreno a través de los desiertos, lo que daña sus superficies y crea problemas para las plantas y los animales que allí viven. El ser humano también está construyendo muchas nuevas comunidades en los desiertos o cerca de ellos.

Dato curioso Muchos de los animales que viven en los desiertos calientes son más activos en la noche. Vencen el calor del día porque cazan y se aparean durante la noche.

GLACIARES Y MANTOS DE HIELO

Características del hábitat Un glaciar es una masa de hielo que se mueve lentamente sobre la tierra. Un manto de hielo es un glaciar que cubre más de 50.000 kilómetros cuadrados (19.305 millas cuadradas).

Ubicación A menudo, los glaciares se encuentran distribuidos a lo largo de cadenas de montañas. Los únicos mantos de hielo del planeta se encuentran en la Antártida y Groenlandia.

Peligros Las temperaturas de la Tierra están aumentando a nivel mundial. Esto hace que los glaciares y los mantos de hielo se derritan. El agua de este derretimiento podría inundar algunas áreas. La contaminación es otra amenaza para los glaciares y los mantos de hielo. Las sustancias químicas en el aire y el agua quedan atrapadas en el hielo. Estas sustancias pueden enfermar a los animales.

Dato curioso El manto de hielo de la Antártida es la masa de hielo más grande de la Tierra. Alrededor del 90 por ciento del agua dulce de la Tierra está congelada en él.

Un mundo de hábitats

Usa este mapa para ubicar los diferentes hábitats alrededor del mundo.

OCÉANO

Alce

Norteamérica

Zorro rojo

OCÉANO PACÍFICO NORTE

Oso pardo

Mapache

OCÉANO ATLÁNTICO NORTE

Tucán

Rana dardo venenoso

Sudamérica

Go

Tortuga de las Galápagos

Ballena jorobada

Le

OCÉANO PACÍFICO SUR

Tamarino

Jaguar

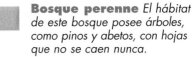

Pingüino gentú

Clave del mapa

Bosque lluvioso tropical o templado *Este mundo húmedo lleno de altos árboles y arbustos provee hábitats a innumerable animales.*

Bosque de madera dura *Este hábitat posee árboles con hojas que se caen todos los años.*

Bosque perenne *El hábitat de este bosque posee árboles, como pinos y abetos, con hojas que no se caen nunca.*

Matorral *El matorral es una zona con árboles pequeños y arbustos que pueden sobrevivir a veranos largos y secos.*

ÁRTICO

…polar

Asia

Europa

Panda gigante

OCÉANO PACÍFICO NORTE

África

Mar de Arabia

Mar de la China Meridional

Cobra real

Pez payaso

Cebra de las praderas

Tigre de Bengala

OCÉANO ÍNDICO

Australia

OCÉANO PACÍFICO SUR

…ANO …TICO …UR

Chita

Elefante

Canguro gris

Koala

0   1000 millas
0   1000 kilómetros

…TIDA

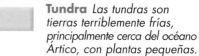

…dera *Una pradera es …o un mar de hierba silvestre. …árido hábitat también es …cido como estepa.*

…ana *Cálida y a menudo …la sabana es una mezcla …erbas y grupos de árboles.*

Desierto *En los desiertos caen diez o menos pulgadas de lluvia al año. Los cactus sobreviven aquí gracias al agua que almacenan.*

Tierras altas *Este hábitat está muy por encima del nivel del mar. Los vientos son fuertes y el clima es frío.*

Tundra *Las tundras son tierras terriblemente frías, principalmente cerca del océano Ártico, con plantas pequeñas.*

Mantos de hielo *Los mantos de hielo cubren la Antártida y una gran área de Groenlandia.*

Culturas

Responde a las siguientes preguntas para evaluar lo que has aprendido sobre las culturas.

1 ¿Qué es un antropólogo?

2 ¿Cómo aprende un antropólogo sobre las culturas?

3 ¿Por qué algunas culturas están luchando por sobrevivir?

4 ¿Qué son los hábitats? ¿Cómo pueden cambiar?

5 ¿De qué modo amenazan las acciones del ser humano a los hábitats?